WS Kids
WHITE STAR KIDS

Jeunes explorateurs

À la découverte de LONDRES

Texte de Daniela Celli
Illustrations de Laura Re

CHERS PARENTS...

Il existe de nos jours une quantité impressionnante d'outils facilitant la vie des adultes qui voyagent avec des enfants. Mais, croyez-moi, rien n'est plus efficace qu'une belle histoire ! C'est d'ailleurs la façon dont l'écrivain anglais Rudyard Kipling occupait ses enfants durant leurs longues traversées vers l'Afrique. Tout comme James Matthew Barrie se faisait le conteur de merveilleux récits pour les petits Londoniens du parc de Kensington.

Recueil d'histoires et de curiosités, ce livre est un petit coup de pouce pour vous inciter à jouer les globe-trotter depuis votre canapé ou à partir réellement, en compagnie d'un guide spécial. Vous trouverez dans ces pages les aventures que j'ai vécues en explorant avec mes enfants la fascinante capitale britannique. En prime, d'incroyables anecdotes et cette touche de *supercalifragilisticexpidélilicieux* que Londres sait offrir à tous ceux qui la regardent les yeux pleins d'imagination et de fantaisie : j'espère qu'elle parviendra un peu jusqu'à vous aussi.

Dédié à BG,
mon jazz sur la route pour Oz.

Daniela Celli

GOOD MORNING KIDS, JE ME PRÉSENTE :

Mon nom est SIR RAVEN et j'ai l'immense plaisir de vous accompagner à travers LONDRES. Je peux d'emblée vous garantir que nous allons bien nous amuser car cette ville regorge d'endroits fascinants et d'histoires insolites et mystérieuses. Saviez-vous, par exemple, qu'à Noël UN FANTÔME rôde dans les pièces de Buckingham Palace ? Et qu'au musée d'histoire naturelle se trouve un énorme T-REX ?

Comment parviendrons-nous à tout voir ? Eh bien, j'ai préparé QUATRE ITINÉRAIRES qui nous mèneront à la découverte de lieux et de personnages extraordinaires. Chaque parcours commence par UNE CARTE où sont représentées les étapes de notre circuit, assorties de quelques histoires intéressantes. Des JEUX vous attendent aussi pour qu'on s'amuse ensemble.

THAT'S ALL MY FRIENDS! C'EST PARTI !

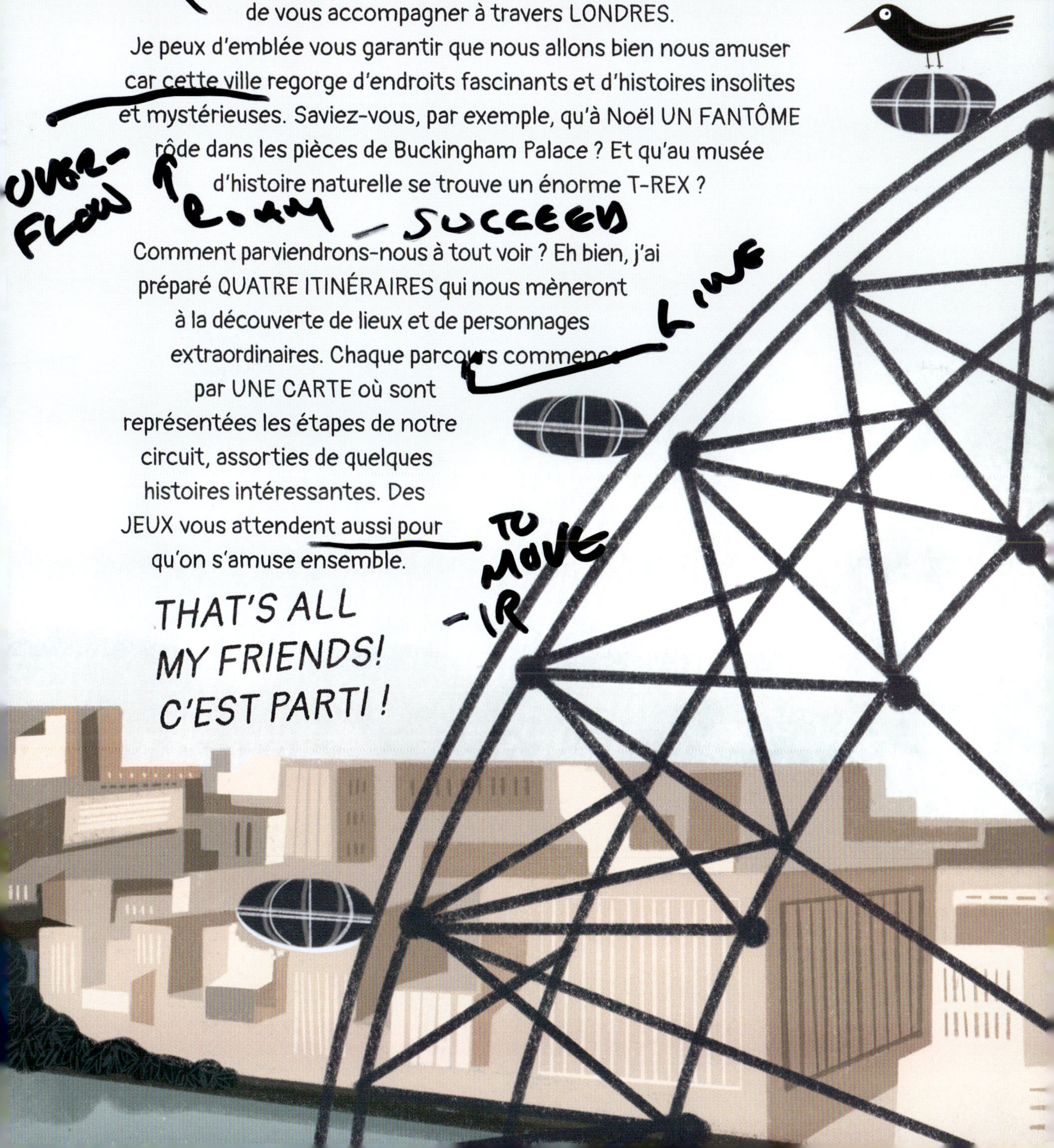

SOMMAIRE

ITINÉRAIRE 1

ITINÉRAIRE 2

ITINÉRAIRE 3

ITINÉRAIRE 4

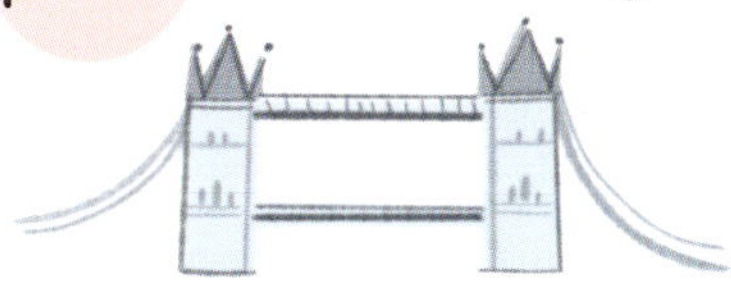

LONDON

Good Morning,
et bienvenue à Londres !

ITINÉRAIRE 1

Aujourd'hui nous allons découvrir les histoires et caractéristiques de l'un des QUARTIERS, ou *BOROUGHS*, les plus célèbres de la capitale : la *City of Westminster*, une véritable ville au cœur de Londres !

Cet immense quartier s'étend sur la rive nord de la Tamise où se dresse, entouré de magnifiques parcs, le palais royal.

C'EST ICI QUE COMMENCE NOTRE AVENTURE !

- **Chacun son nom**

Londres est partagée en *32 boroughs*, qui se distinguent chacun par un nom et des armoiries, parfois illustrées par des animaux ou des figures légendaires comme les vautours et les dragons. Le symbole de *Westminster* est un blason soutenu par deux lions !

- **Des offrandes pour les esprits**

Londres est traversée par la *Tamise*, le second plus long fleuve du Royaume-Uni. On croyait autrefois qu'il était habité par des esprits et des elfes, aussi les gens avaient-ils coutume d'y jeter en offrandes tout type d'objets. Certains, comme le blason de *Battersea*, ont été repêchés et on peut les voir au *British Museum*.

BUCKINGHAM PALACE

C'est avec une grande émotion que je vous présente la première étape de notre voyage ! *Welcome to The Palace* !

Buckingham Palace est la résidence du roi d'Angleterre CHARLES III.

Dans le palais il y a 775 pièces, dont 52 chambres pour les hôtes, 188 pour le personnel, et pas moins de 78 salles de bain ! La résidence royale comprend en outre un cinéma, une piscine couverte, un cabinet médical, un bureau de poste et un distributeur de billets. Mais ce n'est pas tout...

La demeure du roi est entourée d'un parc de la taille de vingt terrains de foot. Parmi les merveilles qu'il abrite : le splendide jardin des roses, un grand lac, avec même un îlot sur lequel vivent les abeilles de la cour, dont le miel sert au chef du palais pour garnir pâtisseries et autres desserts destinés à la famille royale.

• La relève de la garde

Devant l'entrée principale du palais, on peut assister à la cérémonie durant laquelle les gardes se relaient. Ils sont vêtus d'une tunique rouge et de la traditionnelle coiffe en poils d'ours. Mais pourquoi est-elle si haute ? Parce qu'autrefois les soldats semblaient ainsi plus grands sur le champ de bataille !

ÊTES-VOUS CURIEUX DE CONNAÎTRE LES SECRETS DE *BUCKINGHAM PALACE*?

• Un hôte spectral

L'emplacement où se dresse aujourd'hui *Buckingham Palace* était autrefois occupé par un monastère. Ce qui explique peut-être pourquoi le jour de Noël le fantôme d'un moine erre à travers les pièces du palais, tout en agitant bruyamment ses chaînes.

CHAQUE ANNÉE, IL Y A QUELQU'UN QUI JURE L'AVOIR VU : VOUS Y CROYEZ, VOUS ?

• Lampadaires mobiles

Jusqu'il y a peu encore, nettoyer les énormes lampadaires du palais était une opération laborieuse. Un régiment de domestiques, perchés sur de hautes échelles branlantes, s'affairaient à dépoussiérer des milliers de gouttes en cristal. AUJOURD'HUI TOUT EST PLUS SIMPLE : IL SUFFIT D'APPUYER SUR UNE TÉLÉCOMMANDE POUR QUE LE LAMPADAIRE... S'ABAISSE À HAUTEUR D'HOMME !

• En temps réel

La résidence royale compte plus de six cents horloges ! Deux fois par an, un bataillon d'horlogers vient avancer ou reculer leurs aiguilles d'une heure. Savez-vous combien de temps ils mettent ?
DEUX JOURS ENTIERS !

• Pas besoin de sonner

Vous souhaitez savoir si le roi est chez lui ? Il suffit d'observer le drapeau qui flotte au-dessus de *Buckingham Palace* !
Si vous apercevez l'étendard royal, *King Charles* est bien au palais, mais en son absence vous verrez s'agiter l'*Union Jack*.
FACILE, NON ?

LAQUELLE DE CES ANECDOTES VOUS A LE PLUS PLU ?

ST. JAMES'S PARK

Bienvenue à *St. James's Park*, le plus ancien parc royal de Londres !

Autrefois, cet espace était une zone marécageuse. HENRI VIII s'en porta acquéreur en 1532 et le bonifia pour en faire une propriété digne d'un roi. Au cours des siècles, les monarques aménagèrent et adaptèrent le parc à leurs goûts. LE ROI JACQUES Ier par exemple, qui avait un faible pour les animaux exotiques, y fit installer des crocodiles, des chameaux, et même un éléphant !

Aujourd'hui le parc est un splendide espace vert, parsemé de plates-bandes fleuries et habité par des centaines d'écureuils !

Il abrite aussi un lac, traversé par un pont d'où la vue est imprenable, et deux petites îles – *West island* et *Duck Island.* On y trouve également une petite réserve accueillant dix sept espèces d'oiseaux, comme des canards, des cygnes, et une sympathique colonie de pélicans.

Cherche et trouve...

Les animaux du roi Jacques sont de retour au parc ! Vous rappelez-vous lesquels ? ESSAYEZ DE LES TROUVER...

WESTMINSTER ABBEY

Come on, les amis, l'abbaye vous attend !

Westminster est l'une des églises les plus célèbres du monde, et le plus important lieu de culte en Angleterre. C'est ici qu'a lieu le couronnement des rois, que sont célébrés les mariages royaux et enterrés certaines des grandes figures historiques du pays.

• Un vol légendaire

Sous le siège de la *Coronation Chair* – le trône en bois sur lequel, depuis plus de 700 ans, sont couronnés les souverains anglais – se trouvait la légendaire pierre du destin, la *Stone of Scone.*

En 1950, quatre étudiants écossais la dérobèrent, mais dans leur fuite la pierre tomba et se brisa en deux, non sans casser deux doigts de pied à l'un des voleurs !

LA PIERRE A ÉTÉ RESTAURÉE DEPUIS ET SE TROUVE AUJOURD'HUI EN LIEU SÛR, AU CHÂTEAU D'ÉDIMBOURG.

Trouvez les différences !

Les pieds du trône du roi Édouard sont constitués de quatre lions en or. Cherchez les 6 différences entre les deux figures sur l'image ci-contre.

BIG BEN

Je vous présente... *Big Ben* !

Contrairement à ce que tout le monde croit, Big Ben ne désigne pas le nom de la tour horloge du palais de *Westminster* mais uniquement la plus grande de ses cinq cloches.

Étant donné son poids énorme, l'équivalent d'un T-Rex et d'un tricératops réunis, un chariot tiré par seize chevaux fut nécessaire pour la transporter de la fonderie jusqu'à *Westminster*.

• Un son particulier

Les cloches retentirent pour la première fois le 31 mai 1859 mais, deux mois après seulement, la *Greal Bell* (comme on appelle également Big Ben) se fissura. On employa une pièce de métal pour la réparer, ce qui explique pourquoi la cloche produit un son très caractéristique !

• Un retard justifié

Malgré la présence d'un maître horloger qui vérifie que l'horloge de la tour indique bien l'heure exacte, certains événements imprévisibles ont parfois causé quelques retards.
COMME EN 1944, LORSQU'UNE NUÉE D'OISEAUX DÉPLAÇA DE QUELQUES MILLIMÈTRES L'AIGUILLE DES MINUTES.
JE VOUS ASSURE QUE JE N'AI RIEN À VOIR LÀ-DEDANS !

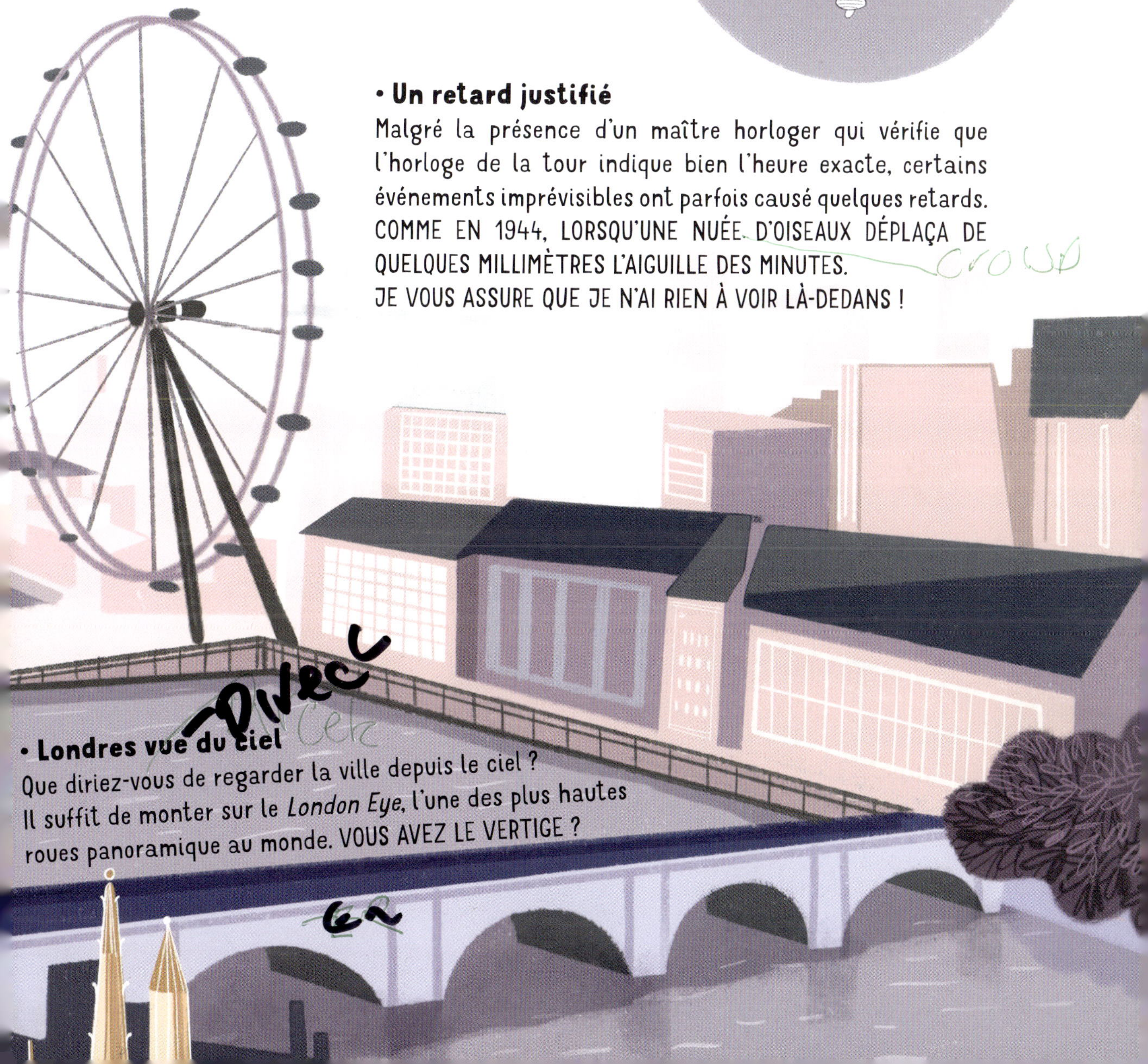

• Londres vue du ciel

Que diriez-vous de regarder la ville depuis le ciel ?
Il suffit de monter sur le *London Eye*, l'une des plus hautes roues panoramique au monde. VOUS AVEZ LE VERTIGE ?

Prêts pour une nouvelle aventure ?

ITINÉRAIRE 2

Notre parcours démarre aujourd'hui dans le splendide quartier de *Kensington*, où nous explorerons l'un des musées d'histoire naturelle les plus célèbres au monde.

Après notre visite, nous prendrons un thé dans le parc et, pour finir, découvrirons des lieux consacrés à des personnages... fantastiques !

Vous êtes curieux de savoir lesquels ?

Alors *let's 'go!*

• Le sentier de la pourriture

Hyde Park est bordé d'une tranquille allée au sol sablonneux baptisée *Rotten Row*, le « Chemin pourri ». À quoi doit-on un nom si insolite ? Autrefois, cette rue était le repaire de dangereux délinquants qui attendaient la nuit pour s'attaquer aux passants.

En 1690, le roi Guillaume III fit installer trois cents lampadaires à huile, faisant de ce chemin la première rue éclairée d'Angleterre.

• Des anniversaires explosifs

À Londres il est de coutume de fêter des occasions spéciales, comme les anniversaires des rois, par des salves de canons chargés à blanc.

Les « coups » sont généralement au nombre de vingt et un, mais à *Hyde Park* on en tire vingt de plus !

LE MUSÉE D'HISTOIRE NATURELLE

Let's explore the Museum!

Le Natural History Museum abrite l'une des plus grandes collections d'histoire naturelle du monde. Il compte plus de soixante-dix millions de spécimens répartis sur quatre étages : des araignées venimeuses aux redoutables reptiles marins ! Dans la vaste section consacrée aux dinosaures, un GIGANTESQUE T-REX trône au milieu de fascinants squelettes préhistoriques.

• Kit de l'aventurier !
Pour rendre votre visite plus amusante, vous pouvez retirer au bureau d'informations le sac à dos de l'explorateur : vous y trouverez un guide très utile, ainsi qu'un chapeau de safari et des jumelles !

• ***Diplodocus***

Pendant plus d'un siècle, la reconstitution d'un gigantesque DIPLODOCUS a figuré parmi les attractions les plus populaires du musée. Mais un squelette de baleine bleue trône aujourd'hui à sa place dans le hall d'entrée.

POUR CONNAÎTRE SON PETIT NOM, TROUVEZ LES LETTRES CACHÉES SUR CETTE PAGE ET RÉÉCRIVEZ-LES SUR LES SYMBOLES CORRESPONDANTS, CI-CONTRE.

HYDE PARK ET KENSINGTON GARDENS

Bien qu'ils portent officiellement des noms différents, les deux *royal parks* forment à eux deux un immense parc, équivalant à la taille de 350 terrains de foot réunis !

Hyde park est le plus grand parc royal de Londres. Il est divisé par un lac – dont la forme évoque le corps sinueux d'un serpent – sur lequel, en 1814, fut mise en scène une incroyable bataille navale où des galions s'affrontèrent sous une pluie de feux d'artifice ! Vous imaginez le spectacle !? Aujourd'hui, le *Serpentine Lake* est un merveilleux endroit où on peut louer une barque et se baigner aussi, si on veut.

• La coupe Peter Pan

Le jour de Noël, *Hyde Park* accueille une compétition de natation un brin extravagante. Dans une ambiance festive, les participants, pour la plupart de téméraires nageurs de plus de soixante ans, se défient sur une distance de *100 yards* (91 mètres) dans les eaux glacées du lac.

UN BEL HOMMAGE À L'ENFANT QUI NE VOULAIT PAS GRANDIR !

Les jardins de Kensington appartenaient autrefois au *Kensington Palace*, qui fut la demeure des rois pendant plus de trois cent ans. Aujourd'hui ils ravissent les visiteurs par leurs allées bordées d'arbres, leurs parterres de fleurs et leurs nombreuses statues, comme celle de *Peter Pan* que les enfants adorent.

• Vous prendrez bien un *afternoon tea* ?

Dans l'orangerie du palais de *Kensington*, l'après-midi on peut savourer un délicieux thé, une véritable tradition ici, en Angleterre ! Outre une théière bouillante, on vous apportera des gâteaux, des viennoiseries à farcir de crème et de confiture, ainsi que de petits sandwichs.

PADDINGTON STATUE

Bienvenue à la gare de *Paddington !*

No, my friends, nous ne sommes pas là pour prendre le train, mais pour voir l'une des sculptures les plus adorables de Londres : la statue de l'ours *Paddington* ! Pour la trouver, rendons-nous au quai n° 1, à l'endroit même où la *famille Browne* découvrit l'ours dans le film tiré du livre.

• Qui est *Paddington* ?

Il s'agit d'un célèbre personnage inventé par l'écrivain MICHAEL BOND en 1958, et qui s'inspire d'un ours en peluche que l'auteur avait aperçu dans un magasin près de la gare.

PLUSH

• Faisons plus ample connaissance avec *Paddington Bear* :

1 Il vient du fin fond du Pérou.

2 Il adore la confiture d'oranges.

3 Il garde toujours un sandwich sous son chapeau, au cas où...

4 Il se met souvent dans le pétrin ! MESS

5 Il est accueilli chez les *Browne* qui habitent au 32 *Windsor Garden.*

SHERLOCK HOLMES MUSEUM

Vous vous demandez peut-être ce qu'on fait dans *Baker Street ?*

C'est ici, au numéro 221B, qu'ARTHUR CONAN DOYLE, le grand écrivain anglais, avait situé le domicile de son plus célèbre personnage : *Sherlock Holmes* !

Non loin se trouve aujourd'hui un intéressant musée consacré à l'ingénieux détective. À quelques pas de la bouche de métro, on peut également voir sa statue, où il est habillé de son habituel imperméable et paré de son traditionnel chapeau et de sa pipe.

• Faisons plus ample connaissance avec Sherlock Holmes :

1 Il a un sens inouï de la déduction.
2 Il aime les affaires impossibles.
3 C'est un as du déguisement.
4 Il joue du violon et fume la pipe.
5 Il a un fidèle assistant, le Dr Watson.

DES PERSONNAGES VRAIMENT... FANTASTIQUES !

« Supercalifragilisticexpidélilicieux, c'est vrai que ce mot trop long est parfaitement atroce... »
Ah, j'adore fredonner les chansons de *Mary Poppins* tout en volant au-dessus des toits de Londres !

• Une nurse vraiment spéciale

Qui peut résister à une nounou qui, d'un bond, vous entraîne au cœur d'un tableau et possède un sac d'où sort tout type de chose, y compris un lampadaire ?

Le film *Mary Poppins*, sorti en 1964 et inspiré du livre de PAMELA LYNDON TRAVERS, est un classique que petits et grands adorent depuis toujours.

L'histoire se passe à Londres. En se promenant aux alentours de Big Ben, Westminster et Kensington, on peut d'ailleurs, reconnaître de nombreux endroits où se déroule le film.

• Le garçon qui refusait de grandir

Tout le monde connaît *Peter Pan*, le garçon qui vole et vit aux côtés des enfants perdus du pays imaginaire.
Mais saviez-vous que ses aventures furent écrites par JAMES MATTHEW BARRIE ?

Un jour, tandis que l'écrivain se trouvait à *Kensington Garden*, il fit la connaissance d'une famille de cinq enfants qui lui inspirèrent les célèbres aventures du jeune garçon qui ne voulait pas grandir !

• Le magicien le plus célèbre du monde

Harry Potter, l'illustre protagoniste de la série littéraire écrite par J.K ROWLINGS, est un orphelin élevé par son oncle et sa tante, d'affreux personnages. Mais, la nuit de son onzième anniversaire, il reçoit une invitation à fréquenter l'école de sorcellerie de Poudlard.

SAVEZ-VOUS D'OÙ PARTAIT LE TRAIN POUR REJOINDRE L'ÉCOLE ?
DE LA GARE DE *KING'S CROSS*, À LONDRES : SI VOUS Y ALLEZ, RENDEZ-VOUS AU QUAI, OU *PLATFORM*, 9 3/4 : LA CHOUETTE HEDWIGE VOUS Y ATTEND !

Un autre jour en balade à Londres !

ITINÉRAIRE 3

Aujourd'hui notre visite débutera au cœur du quartier de *Bloomsbury*, où se trouve l'extraordinaire *British Museum* ! Chaque département est consacré à un lieu et à une époque différente, ce qui équivaut à faire un voyage dans le temps. Et, voyons voir... qu'y a-t-il d'autre sur la carte ? Essayez de m'indiquer les autres étapes !

• Des lampadaires nauséabonds

Avant l'apparition de l'éclairage électrique, Londres était éclairée par des lampadaires au gaz qui dans certains cas, comme celui qui est toujours présent dans la ruelle de *Carling Lane*, provenait des égouts. Voilà qui explique pourquoi il ne planait pas vraiment un parfum de roses... si bien que la rue fut rebaptisée « *Farting Lane* », qui signifie...

LA RUE DES PROUTS !

• Des musées pour tous les goûts

Vous êtes passionnés de magie ? *No problem*, il existe le *Magic Circle* ! Vous êtes fascinés par les anciens éventails ? Le *Fan Museum* en compte 4 000 ! Vous adorez la bande dessinée ? Au *Cartoon Museum* vous aurez l'embarras du choix.

À Londres, il existe plus de 170 musées, en mesure de satisfaire tous les intérêts !

BRITISH MUSEUM

A day at the Museum!

Le *British Museum* est l'un des plus grands et des plus anciens musées du monde. Cet édifice, qui rappelle un gigantesque temple grec, abrite plus de 8 millions d'objets racontant l'histoire de l'homme depuis les temps les plus reculés. On y trouve, entre autres, la momie *Gebelein*, affectueusement surnommée *Ginger* (« la rousse ») du fait de la couleur de ses cheveux.

• Un grand collectionneur

Sir Hans Sloane, médecin et naturaliste britannique, avait depuis sa jeune enfance la passion des objets insolites. Il finit par constituer une collection de plus de 70 000 spécimens : des pièces de monnaie, des livres, des plantes séchées, et même des manuscrits sur les animaux les plus étranges.
À sa mort, en 1753, il légua au pays la totalité de sa collection, qui permit de fonder le *British Museum* !

ET VOUS, QU'EST-CE QUE VOUS COLLECTIONNEZ ?

• British Library

Non loin du musée se trouve la bibliothèque nationale.
La *British Library* conserve non seulement d'anciens volumes dans une surprenante tour en verre de six étages, mais également les copies de tous les livres publiés au Royaume-Uni ! Pour les acheminer jusqu'à la salle de lecture, on utilise un système de tapis roulants semblables à ceux des aéroports !

DÉCOUVRONS LES HISTOIRES LES PLUS INSOLITES DU MUSÉE

• Le scarabée bousier

(Salle 63)

La galerie de l'Égypte ancienne abrite, parmi les momies et les pharaons, la sculpture d'un scarabée géant. Ce coléoptère présente la particularité de créer des boules à partir d'excréments qu'il roule au sol et dans lesquels il dissimule ses œufs. Voyant sortir de nouveaux insectes de cet étrange nid, les Égyptiens en conclurent que les scarabées renaissaient après la mort. Dès lors, ils apparurent à leurs yeux comme des animaux sacrés.

• The Fishpool Hoard

(Salle 40)

En 1966, des ouvriers découvrirent par pur hasard un fabuleux trésor enterré dans la forêt de *Sherwood*. Il semblerait que les 1 237 pièces d'or et les bijoux qu'il contenait y avaient été cachés à la hâte il y a de cela plus de cinq siècles.

ROBIN DES BOIS SERAIT-IL PASSÉ PAR LÀ ?

• Hoa Hakananai'a, le moaï de l'Île de Pâques

(Salle 24)

Il mesure plus de deux mètres, arbore une bouche aux lèvres serrées et un menton incliné vers le haut. Quelle est cette étrange sculpture ?
Hoa Hakananai'a est l'un des 1000 *moaï* de l'île de Pâques.

LA SIGNIFICATION DE CES STATUES DEMEURE UN MYSTÈRE, MAIS SELON LA MYTHOLOGIE DES *RAPA NUI* ELLES AVAIENT LE POUVOIR DE SE DÉPLACER. ALORS SOYEZ PRUDENTS, ON NE SAIT JAMAIS...

• La collection des armures

(Salle 93)

Les samouraïs étaient des guerriers japonais. Lors des combats, ils revêtaient de lourdes armures constituées de centaines de petites plaques de métal. Il importait de protéger chaque partie du corps, des pieds à la tête, sur laquelle se dressait un énorme casque à la forme étrange.

NE VOUS RAPPELLE-T-IL PAS CELUI D'UN CERTAIN PERSONNAGE DE *LA GUERRE DES ÉTOILES*?

COVENT GARDEN

Dear friends, j'ai un petit creux... Que diriez-vous d'aller croquer un morceau ?

Sur la place de *Covent Garden* se tenait autrefois le marché le plus important d'Angleterre. Sur des étals richement colorés on trouvait des fruits, des légumes et de la nourriture exotique. Tout autour se dressaient des théâtres et des cafés. Aujourd'hui encore très dynamique, le quartier accueille des spectacles d'artistes de rue, des expositions et des représentations théâtrales.
L'ancien marché se trouve à l'intérieur du splendide bâtiment recouvert d'une structure en verre qui, à Noël, s'éclaire de mille lumières. Aux étals sont venus s'ajouter des échoppes d'artisans, des boutiques et des restaurants.

JE SENS UNE AGRÉABLE ODEUR DE FISH AND CHIPS...

• Poisson pané et frites

Le *fish and chips* est une spécialité très appréciée de la cuisine anglaise. Il s'agit d'un filet de cabillaud frit dans une pâte à base de chapelure, saupoudré de sel et arrosé de vinaigre, puis servi avec de délicieuses frites.

En Angleterre, il existe plus de dix mille *fish and chips shops !*

TRAFALGAR SQUARE

Nous voici sur la plus célèbre place de Londres !

La première chose qu'on aperçoit en arrivant à *Trafalgar Square*, c'est l'immense colonne érigée en l'honneur de l'amiral Horatio Nelson. Le monument est aussi haut que dix girafes superposées l'une sur l'autre !

Quatre gigantesques lions veillent au pied de la colonne. Pour les réaliser le plus fidèlement possible, le sculpteur demanda au zoo de Londres de lui fournir, à la mort de l'un de ses fauves, la dépouille de l'animal.
Quelques jours plus tard, l'odeur devint si intenable dans l'atelier de l'artiste que celui-ci dut se passer de son « modèle » pour terminer l'œuvre.

• Le héros manchot
Au sommet de la colonne se dresse une statue à la mémoire de l'amiral *Horatio Nelson*, mortellement blessé durant la célèbre bataille de *Trafalgar*.

Observez-la bien : vous ne remarquez rien de particulier ?

ET BIEN, OUI, L'AMIRAL FUT FIDÈLEMENT REPRÉSENTÉ SANS UN DE SES BRAS, QU'IL PERDIT DURANT UNE BATAILLE AUX ÎLES CANARIES.

Cherche et trouve...
Un dicton anglais raconte que quiconque demeure quelque temps sur la place de *Trafalgar Square* rencontre à coup sûr une personne de sa connaissance. Moi, j'ai déjà aperçu 4 de mes amis corbeaux, *John*, *Harry*, *Willy* et *Bert*. Vous les voyez ?

TOUT LE MONDE À BORD !

OTHERWISE - TO DISPLACE
W/OUT 'SE' - TO MOVE

• Double-decker bus

Autrefois, pour se déplacer en ville les Londoniens prenaient l'omnibus, un coche tracté par trois chevaux et qui pouvait transporter jusqu'à dix-huit passagers. Pour descendre, il suffisait de cogner contre le toit ou d'interpeller le chauffeur ! Avec l'invention des moteurs, en 1956 apparurent les *Routemaster*, les autobus rouges à deux étages qui devinrent aussitôt un symbole de Londres .

STRIKE

JUSQU'À IL Y A ENCORE QUELQUES ANNÉES, LES BUS ÉTAIENT ÉQUIPÉS D'UNE PLATE-FORME ARRIÈRE PERMETTANT AUX PASSAGERS DE MONTER ET DE DESCENDRE... EN MARCHE !

• The Tube

À presque deux cents ans, le métro de Londres est le plus vieux du monde ! Ses onze lignes ont chacune une couleur différente, du marron au turquoise. « *MIND THE GAP* » est la première phrase que vous entendrez en montant à bord : elle vous invite à prendre garde à l'écart entre le train et le quai.

• Le musée des transports

La façon la plus drôle de découvrir le monde des transports publics est de visiter le *London Transport Museum*.
Vous y trouverez plus de quatre-vingts véhicules à bord desquels vous pouvez non seulement monter mais aussi, revêtus des uniformes d'époque, jouer aux chauffeurs.
Et, grâce à un simulateur, vous pourrez vivre le frisson de conduire un vrai métro !

Ready, steady, go! À vos marques, prêts, partez pour une dernière aventure !

ITINÉRAIRE 4

Aujourd'hui nous visiterons les alentours de la *City* de Londres, le quartier historique de la finance, où des gratte-ciels alternent avec de fascinantes ruelles médiévales : nous jetterons un coup d'œil derrière une étrange grille, découvrirons les secrets d'un ancien théâtre, puis nous nous dirigerons sur la rive nord de la Tamise, là où j'habite !

So, come on and follow me!

• **Lugubre mais ingénieux**

La très chère cabine téléphonique rouge, l'un des symboles de Londres, fut inspirée par… une tombe ! *Sir Giles Gilbert Scott*, le vainqueur du concours organisé pour l'occasion, s'inspira en effet d'un mausolée aperçu dans un cimetière.

• **Une couleur plus voyante**

Tout le monde ne sait pas que les *red pillarbox*, les célèbres boîtes aux lettres anglaises, n'ont pas toujours été rouges. En 1859 leur couleur officielle était le vert ! Après de nombreuses plaintes de la part des citoyens qui avaient du mal à les repérer, la *Royal Mail* opta pour une couleur plus vive.

IL NE FALLUT PAS MOINS DE 10 ANS POUR LES REPEINDRE TOUTES !

GLOBE THEATRE

Être ou ne pas être… Quelle question !

Sur les bords de la Tamise fut reconstruit l'un des théâtres les plus célèbres au monde. C'est ici que jouait la compagnie de *William Shakespeare*, grand dramaturge et poète, auteur de pièces comme *Hamlet*, *Roméo et Juliette* et *La Tempête*.

Le théâtre d'origine fut détruit par un incendie en 1613.
La représentation au programme prévoyait un tir de canon qui, heurtant le toit de chaume, l'enflamma aussitôt et ravagea rapidement la structure en bois de l'édifice.

• Juliette… avec une barbe

A l'époque de Shakespeare, les femmes n'avaient pas le droit de jouer dans des pièces de théâtre. Les personnages féminins étaient donc interprétés par des hommes qui, habillés et maquillés de pied en cap, faisaient de leur mieux pour ressembler à de véritables dames… malgré leur barbe !

• Que fait donc cette étrange pierre au 111 Cannon Street ?

D'aucuns affirment que cette grosse pierre appartiendrait à la roche dans laquelle fut plantée Excalibur, la légendaire épée du roi Arthur !

« Tant que la pierre sera à l'abri, Londres prospérera ! »

Ainsi raconte la légende. Dans le doute, mieux vaut la garder en lieu sûr derrière une vitrine en verre !

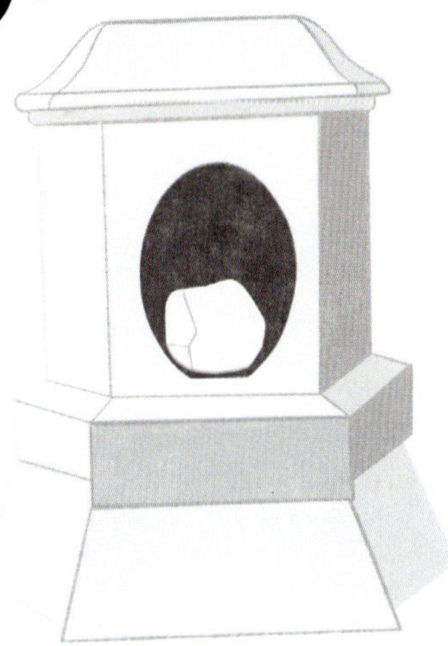

LES GRATTE-CIELS DE LONDRES

Explorons maintenant la ville d'en haut !

Au cours des dernières années, le panorama de la capitale anglaise a changé. Aux côtés des traditionnelles silhouettes de *Big Ben* ou du *Tower Bridge* se sont dressées d'énormes râpes à fromage, d'immenses concombres et de gigantesques talkies-walkies. *Oh no, my friends*, je n'ai pas perdu la tête ! Ce sont les surnoms que les Londoniens ont donné aux gratte-ciels de la ville !

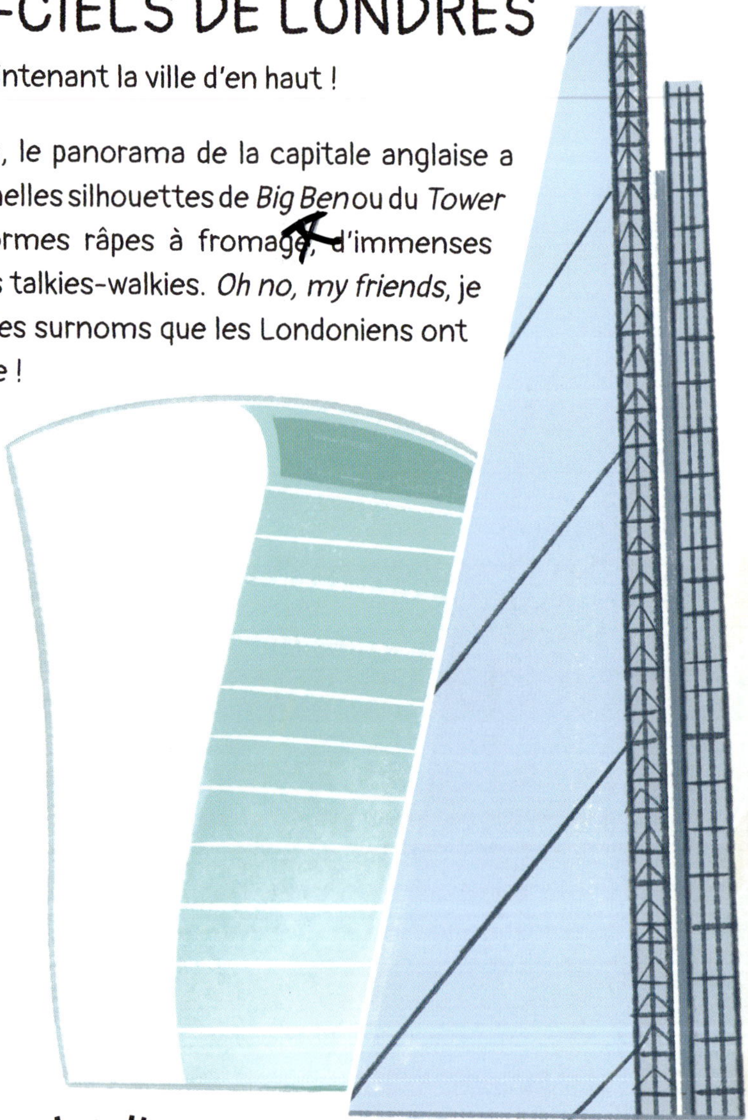

20 Fenchurch Street

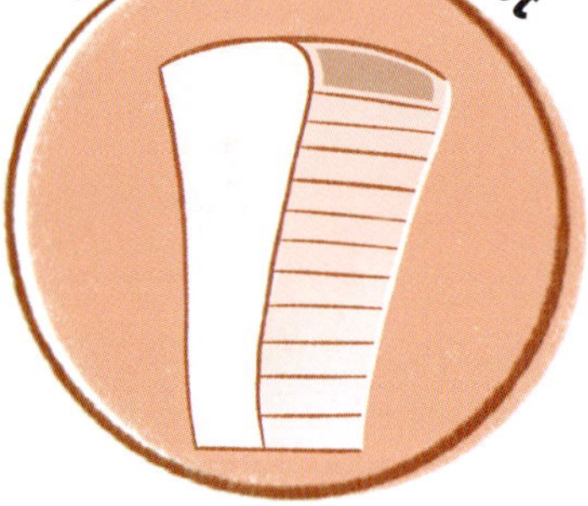

Surnom : *Walkie Talkie*
Année de construction : 2014
Hauteur : 160 mètres.
Nombre d'étages : 37
Signe particulier : le *Sky Garden* au 43e étage.

122 Leadenall Street

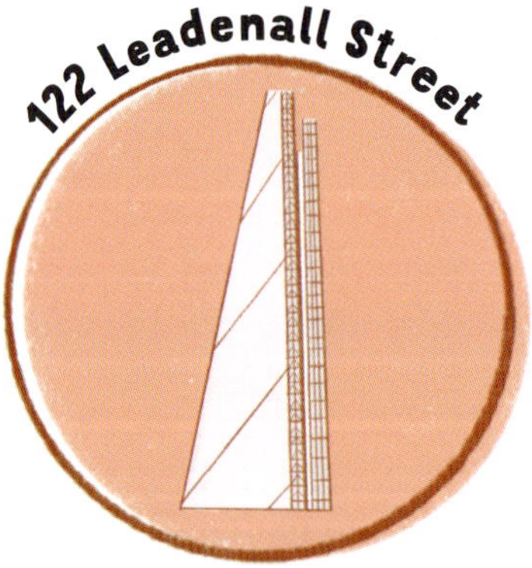

Surnom : *Cheesegrater*, la Râpe à fromage.
Année de construction : 2014
Hauteur : 225 mètres.
Nombre d'étages : 48
Signe particulier :
Il est composé de 70 000 m^2 de verre.

• Ne regardez surtout pas en bas !

Il ne faut certainement pas avoir le cœur fragile quand on lave les vitres d'un gratte-ciel ! Tenu par une double corde fixée au sommet de l'édifice, le courageux bataillon chargé de ce travail doit, en effet, descendre en rappel le long d'abruptes parois de verre. Cette équipe de dix-sept hommes met près de trois mois pour nettoyer la façade d'un immeuble comme *The Shard*, dont la hauteur équivaut à huit terrains de foot.

ET UNE FOIS TERMINÉ, IL FAUT TOUT RECOMMENCER !

The Shard

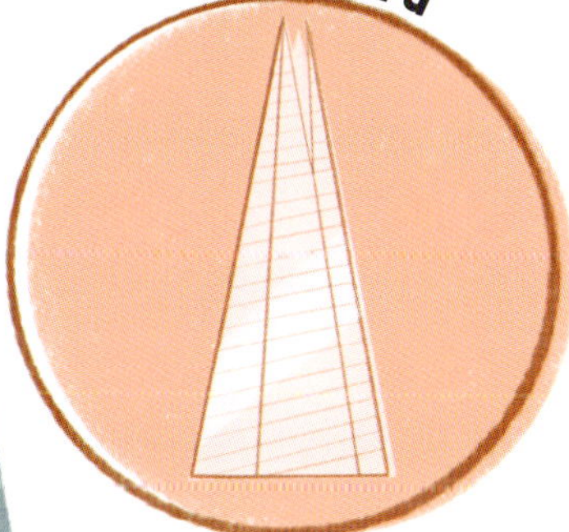

Surnom : *The Shard*, Le tesson de verre
Année de construction : 2012
Hauteur : 309 mètres.
Nombre d'étages : 87
Signe particulier : la vue panoramique la plus haute de Londres.

30 St. Mary Axe

Surnom : *The Gherkin*, Le concombre
Année de construction : 2004
Hauteur : 180 mètres.
Nombre d'étages : 41
Signe particulier : 7 429 panneaux de verre.

Imaginez votre gratte-ciel !

Comment le baptiseriez-vous ? Combien d'étages aurait-il ? Que mettriez-vous à l'intérieur ? (un terrain de basket par exemple, un magasin de jouets, une patinoire, la chocolaterie de Willy Wonka...)

TOWER BRIDGE ET TOWER OF LONDON

Look! Regardez ! Le pont se lève !

Le *Tower Bridge* est l'un des symboles de Londres. Hormis ses deux tours latérales, ce qui le rend spécial c'est le mécanisme grâce auquel il se soulève pour laisser passer les navires les plus hauts.

UNE MANŒUVRE QU'IL EFFECTUE EN 90 SECONDES SEULEMENT !

C'EST L'HEURE DE RENTRER CHEZ MOI !

Regardez là-bas ! Vous voyez la forteresse ? C'est ici que j'habite ! Depuis sa construction, il y a de cela 900 ans, elle a servi de résidence royale, d'arsenal, et même de prison. Aujourd'hui on peut la visiter pour découvrir ses secrets et admirer les fabuleux joyaux de la Couronne.

- **Je vous présente un ami**

Une mystérieuse légende raconte que si les corbeaux de la tour venaient à mourir ou à disparaître, la tour s'écroulerait, et avec elle le royaume d'Angleterre. Voilà pourquoi une personne s'occupe tout particulièrement de mes amis et moi. Aidé de trois brillants assistants, le *Raven Master* veille à la propreté des lieux, nous donne à manger et nous chouchoute : en retour, on doit bien se tenir.

Goodbye mes amis, la prochaine fois que vous venez à Londres, passez me voir !

ET N'OUBLIEZ PAS DE TOUJOURS OBSERVER LE MONDE AVEC DES YEUX PLEINS D'ÉMERVEILLEMENT !

LAURA RE

Née à Rome, elle suit des études à l'École romaine de la bande dessinée, puis collabore avec des studios d'animation où elle travaille comme character designer, concept designer et illustratrice. Après l'école internationale d'illustration de Sarmede (Vénétie), elle part à Milan où elle se spécialise dans l'édition et l'univers jeunesse avec un master en illustration au Mimaster.

DANIELA CELLI

Après avoir étudié le piano au conservatoire de Florence, elle part vivre à New York où elle entreprend des études en criminologie. De retour en Italie, elle obtient une maîtrise de droit ainsi qu'un diplôme de l'Académie des arts dramatiques. Depuis toujours passionnée de voyages, en 2008 elle a commencé à tenir un blog dans lequel elle raconte ses aventures autour du monde, avec sa petite famille.

WS Kids
WHITE STAR KIDS

La marque White Star Kids™ appartient à White Star s.r.l.

Piazzale Luigi Cadorna, 6
20123 Milan, Italie
www.whitestar.it

Traduction et Pao : Emmanuelle Peras
Suivi éditorial : Raphaele Poitevin Sessa

ISBN 978-88-3291-435-1
Dépôt légal : septembre 2023
1 2 3 4 5 6   27 26 25 24 23

Imprimé en Pologne

FSC www.fsc.org
MIXTE
Papier issu de sources responsables
FSC® C178000

Sir Raven vit avec ses amis sur la tour de Londres.
C'est un corbeau très bien élevé et il croasse *good morning* à tous les visiteurs de la forteresse.
Il aime voler au-dessus des toits de la *city* en fredonnant les chansons de *Mary Poppins*, et adore manger des sandwichs au fromage et prendre le thé avec le roi.

Mise en page
Valentina Figus